DER GROSSE MAX

Der beste Detektiv der Welt

Erzählt von Kin Platt

mit Bildern von Robert Lopshire

Übersetzt von Wolf Hausmann

Reinbeker Kinderbücher

Carlsen Verlag

Reihe LERNE LESEN
4. Auflage 1977

Aus dem Amerikanischen
BIG MAX

Originalverlag: Harper & Row, New York
Schreibschrift: Kurt Bogs

5877 · ISBN 3 551 53115 3 · Bestellnummer 53115

DER GROSSE MAX

Max ist
der größte Detektiv der Welt.
Jeder weiß das.

Auch der König von Puka-Puka weiß es.
Er ruft Max an.

„Kommen Sie schnell", sagt er,
„Jumbo ist fort, mein Elefant.
Man hat ihn gestohlen!"

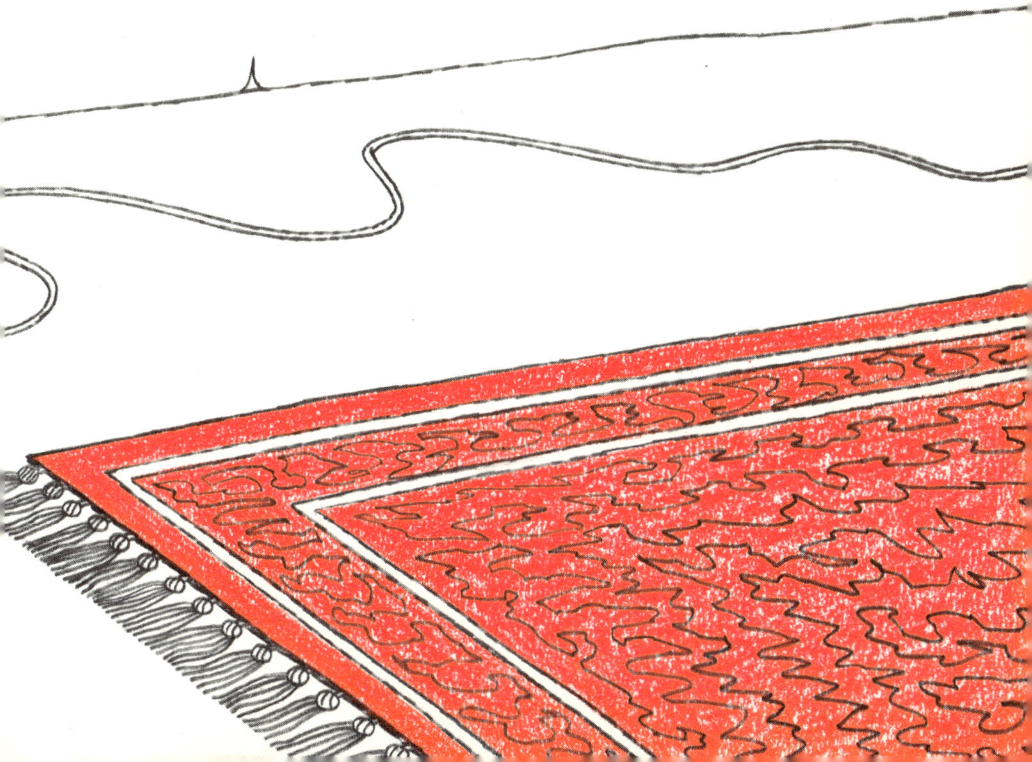

„Keine Sorge", sagt Max,
„ich komme sofort.
Ich werde ihn finden."

„Kommen Sie mit dem Flugzeug
oder mit dem Schiff?" fragt der König.
„Mit dem Schirm", sagt Max.

Max holt tief Luft.
Er bläst in seinen Regenschirm.
Der Schirm füllt sich mit Luft -
und Max fliegt.

Unterwegs trifft er ein paar Vögel.
„Es wird Winter“, rufen die Vögel.
„Wir fliegen nach dem Süden.
Und was machst du?“
„Ich suche einen Elefanten“, sagt Max.
„Hier oben ist er nicht“,
sagt einer der Vögel,
„aber bitte, sieh dich ruhig um!“
„Vielen Dank“, sagt Max.

URSULAN

Sie fliegen über ein Schiff.
„Da brennt etwas, ich rieche es",
sagt Max.
„Da können wir dir leider nicht helfen.
Vögel können nicht riechen",
sagen die Vögel.

Max fliegt zum Schiff hinunter.
Er sagt zum Kapitän:
„Verzeihen Sie bitte,
aber bei Ihnen brennt etwas.
Ich rieche es."
Der Kapitän lacht:
„Haha, Sie sind gut!
Das ist der Rauch
aus den Schornsteinen!"

ULA

„Der Rauch, den ich rieche,
kommt aus Ihrer Tasche",
sagt Max.

„Meine Pfeife!" ruft der Kapitän.
Er zieht sie aus der Tasche.
„Sie brennt noch", sagt er.
„Das hatte ich ganz vergessen.
Sie sind ein großer Detektiv!"
„Man tut, was man kann",
sagt Max.

Max fliegt weiter.
Es fängt an zu regnen.
„Wie gut, daß ich mit dem Schirm reise",
sagt Max.

Max landet in Puka-Puka.
Der König wartet schon auf ihn.
Er sagt:
„So zu reisen muß wunderbar sein."
„Ja", sagt Max,
„jedenfalls bin ich gut angekommen."

Der König führt Max zum Palast.
Er sagt: „Wenn Sie Jumbo finden,
gebe ich Ihnen, was Sie wollen."
„Ich werde ihn finden", sagt Max.

Der König zeigt Max
einen Raum voller Rubine.
Er zeigt ihm
einen Raum voller Diamanten.
Er zeigt ihm
einen Raum voller Gold.
Er fragt Max:
„Verlangen Sie viel?"
„Soviel nicht", sagt Max.

„Wer könnte Jumbo stehlen wollen?"
fragt Max.
„Jeder", sagt der König,
„denn Jumbo ist der beste Elefant
der Welt."
„Wie alt ist Jumbo?" fragt Max.
„Morgen wird er vier Jahre alt",
antwortet der König.
„Aha!" sagt Max.
„Hilft Ihnen das weiter?"
fragt der König.
„Wir werden sehen", sagt Max.
Er fragt:
„War Jumbo hier glücklich?"

„Er war sehr glücklich",
sagt der König.
„Bis vor einer Woche."
„Was geschah da?" fragt Max.
„Jumbo wurde traurig",
sagt der König.

„Zum ersten Mal, seit ich ihn habe,
war er traurig",
sagt der König.
„Wann haben Sie ihn bekommen?"
fragt Max.
„Vor fast einem Jahr", sagt der König.

Max sagt:
„Wo haben Sie Jumbo zuletzt gesehen?
Bringen Sie mich bitte dorthin."
Der König führt ihn nach draußen.
Er schließt ein Tor auf.
„Hier", sagt er, „in diesem Hof."

Max sieht sich aufmerksam um.
Er blickt an den hohen Mauern empor.
„Elefanten können nicht klettern",
sagt Max.

Max sieht sich das Tor an.
„War das Tor verschlossen?" fragt er.
„Ja", sagt der König,
„und den Schlüssel habe ich."
„Hm", sagt Max,
„Elefanten können keine Schlösser
öffnen."

Max sieht sich den Boden an.
„Jumbo ist nicht gestohlen worden",
sagt er.
„Woher wissen Sie das?"
fragt der König.
„Es sind keine Fußspuren da,
außer denen von Jumbo", sagt Max.
„Wie ist er dann herausgekommen?"
fragt der König.
„Wir werden sehen", sagt Max.

„Ich sehe etwas", sagt Max.
„Der Boden ist feucht. Hat es geregnet?"
„In Puka-Puka regnet es oft",
sagt der König.
„Vielleicht sind Sie doch kein
so großer Detektiv?"
„Wir werden sehen", sagt Max.

Es ist sehr heiß.
Max setzt sich, um nachzudenken.
„Ah, ein Stuhl aus Eis für heiße Tage",
sagt er. „Ein sehr guter Gedanke."
„Jumbo sitzt auch gern auf Eis",
sagt der König. „Deshalb habe ich
auch immer soviel Eis hier."
„Ich sehe aber nicht viel Eis",
sagt Max, „nur kleine Stücke."

Max blickt nach unten.
Er sitzt auf dem Boden.
„Das Eis schmilzt sehr schnell",
sagt er.

„Was ist auf der anderen Seite
der Mauer?" fragt Max.
„Ein kleiner Berg", sagt der König.
„Aha!" sagt Max.
„Nun weiß ich, wie Jumbo es
gemacht hat.
Wir müssen draußen nachsehen,
auf der anderen Seite der Mauer.
Schnell!"

Sie laufen aus dem Hof heraus
und den kleinen Berg hinab.

„Aha!" sagt Max. „Ich hatte recht.
Sehen Sie! Hier sind Spuren."
„Tatsächlich", sagt der König.
Max sagt:
„Das könnten Jumbos Fußstapfen sein.
Wir müssen ihnen folgen."

Sie folgen der Spur.
„Wenn wir herausfinden,
wohin Jumbo gegangen ist", sagt Max,
„dann wissen wir vielleicht auch,
warum er fortgegangen ist."
„Ich verstehe", sagt der König.

„Aha!" sagt Max.
„Ich sehe noch etwas. Ich sehe Tränen!"
Der König sieht sich die Tränen an.
„Ich weiß nicht,
warum Jumbo so traurig war", sagt er.
„Wir werden sehen", sagt Max.

„Wenn wir wissen,
warum Jumbo fortgegangen ist",
sagt Max, „dann werden wir
auch wissen, wohin er gegangen ist."
„Ich verstehe", sagt der König.
„Sie sind ein großer Detektiv."
„Aufpassen und nachdenken", sagt Max,
„das ist das Geheimnis!"
Sie folgen den Fußspuren.
Sie folgen den Tränenspuren.

Sie gehen die ganze Nacht.
Sie gehen den ganzen nächsten Tag.
Die Spuren führen bergan.
Sie folgen ihnen.
Plötzlich bleibt Max stehen.

„Halt", sagt Max,
„hier stimmt etwas nicht.
Wir sind nicht mehr
auf der richtigen Spur.
Wir müssen umkehren."
Sie laufen bergab.
Sie rennen.
Sie hören etwas:
„Aaaaach!"

„Was war das?" fragt der König.
„Ja", sagt Max, „ich überlege gerade.
Ein Elefant war es nicht.
Elefanten rufen anders.
Sie sagen nicht ‚Aaaaach!'."

„Das habe ich mir doch gleich gedacht",
sagt Max.
„Das hier sind keine Elefantentränen.
Das sind Krokodilstränen.
Sie sind größer als Elefantentränen."

„Mal überlegen", sagt Max.
„Hier hat der Weg
lange, scharfe, weiße Zähne.
Er hat eine lange rote Zunge,
und Krokodilstränen
statt Elefantentränen.
Wir haben es also
mit einem Krokodil zu tun."

Max dreht sich um und sagt:
„Ich hatte recht. Es ist ein Krokodil.
Sehen Sie selbst."
„Ich glaube Ihnen, Max", sagt der König.
Max sagt:
„Wie gut, daß ich mit dem Schirm reise.
Jetzt kann das Krokodil nicht beißen."

Max schiebt das Krokodil ins Wasser.
Dann zieht er seinen Schirm wieder heraus.
„Du hättest mich fast getäuscht
mit deiner falschen Spur",
sagt er zum Krokodil.
„Es tut mir sehr leid", sagt das Krokodil.
Eine große Träne rollt aus seinem Auge.

„Es tut ihm wirklich leid",
sagt der König, „das Krokodil weint!"
„Die Tränen eines Krokodils
können täuschen", sagt Max,
„es weint, weil es uns nicht
zum Abendessen bekommen hat."
„Erinnere mich nicht daran",
sagt das Krokodil
und weint noch lauter.

Max und der König
kehren zur richtigen Spur zurück.
Sie wandern durch den Urwald.
Sie hören es donnern.
Das Donnern wird stärker.

Die Erde bebt.
Die Bäume beben.
Max und der König von Puka-Puka beben.
„Wir müssen umkehren", sagt der König,
„das ist ein Erdbeben."

„Nein“, sagt Max,
„das ist kein Erdbeben.
Das ist ein Fest.“
„Ein Fest?“ fragt der König.
„Ein Elefantenfest“, sagt Max.
Er zeigt auf einen Platz
zwischen den Bäumen.
„Sehen Sie!“ sagt Max.
Es sind Elefanten, viele Elefanten.
Sie tanzen.
Sie tanzen,
daß die Erde bebt.

„Da ist Jumbo", flüstert der König,
„ich sehe ihn, er tanzt auch."
Max lächelt.
„Wieder ein Fall gelöst", sagt er.

„Es ist Jumbos Geburtstagsfeier",
sagt Max.
„Deshalb ist er fortgegangen.
Er wollte seinen Geburtstag
bei seiner Familie feiern."
Der König läuft zu Jumbo und sagt:
„Herzlichen Glückwunsch
zum Geburtstag, Jumbo!"
„Wie hast du mich gefunden?" fragt Jumbo.
„Da mußt du Max fragen", sagt der König.

Max sagt:
„Wir sind deiner Spur gefolgt,
um herauszufinden,
wohin du gegangen bist,
und um herauszufinden,
warum du gegangen bist."
Und der König sagt:
„Ich möchte doch gerne wissen,
wie er fortgegangen ist."

„Denken Sie an das Eis", sagt Max.
„Jumbo nahm die Eisblöcke.
Er setzte einen Block auf den anderen
und machte eine Treppe daraus.
Zuerst habe ich das auch nicht gewußt,
weil keine Treppe zu sehen war,
nur ein bißchen schmelzendes Eis."

„Jumbo stieg die Treppe aus Eis hinauf
bis zum oberen Rand der Mauer.
Hinter der Mauer ist der kleine Berg.
Jumbo stieg über die Mauer
und lief den Berg hinab."
„Ja", sagt Jumbo, „so war es."

„Nun weiß ich, wie du gegangen bist.
Nun weiß ich, wohin du gegangen bist.
Nun weiß ich, warum du gegangen bist",
sagt der König.
„Ich wußte nicht,
daß eine Geburtstagsfeier so wichtig ist."
„Für Elefanten schon", sagt Max,
„Elefanten mögen gern zusammen sein.
Besonders an Geburtstagen."

„Wie schade, daß ich das nicht wußte",
sagt der König von Puka-Puka.
„Nächstes Jahr will ich
deine ganze Familie
zu einer Geburtstagsfeier
in meinen Palast einladen.
Dann können wir alle zusammen feiern."

„Sie sind ein großer Detektiv",
sagt der König zu Max.
„Nehmen Sie von meinen Schätzen,
was Sie wollen, als Belohnung dafür,
daß Sie Jumbo gefunden haben."
„Wenn es Ihnen nichts ausmacht",
sagt Max, „möchte ich lieber ein Stück
von Jumbos Geburtstagskuchen haben."
„Nur zu", sagt der König.

Jumbo gibt jedem ein Stück Kuchen,
dem großen Max und dem König.
„Was für ein guter Kuchen",
sagt der König.
Er ißt noch ein Stück
und dann noch eins.
„Iß nicht zuviel", sagt Jumbo,
„sonst kann ich dich nicht mehr
nach Puka-Puka zurücktragen."
Der König hört auf zu essen.
„Herzlichen Glückwunsch, Jumbo",
sagt er.
„Herzlichen Glückwunsch, Jumbo",
sagt Jumbos Familie.

„Herzlichen Glückwunsch, Jumbo",
sagt Max.
Dann holt er tief Luft.
Er bläst in seinen Regenschirm.
„Und auf Wiedersehen", sagt Max,
der größte Detektiv der Welt.